Björn Seewald

Typische Fallgestaltungen des Abstandflächenrechts nach § 6 Bauordnung Berlin

Björn Seewald

Typische Fallgestaltungen des Abstandflächen-rechts nach § 6 Bauordnung Berlin

GRIN Verlag

Bibliografische Information Der Deutschen Bibliothek: Die Deutsche
Bibliothek verzeichnet diese Publikation in der Deutschen Nationalbibliogra-
fie; detaillierte bibliografische Daten sind im Internet über http://dnb.ddb.de/
abrufbar.

1. Auflage 2002
Copyright © 2002 GRIN Verlag
http://www.grin.com/
Druck und Bindung: Books on Demand GmbH, Norderstedt Germany
ISBN 978-3-638-64067-1

Typische Fallgestaltungen des Abstandflächenrechts nach § 6 Bauordnung Berlin

von

Björn Seewald

Typische Fallgestaltungen des
Abstandflächenrechts nach § 6 Bauordnung Berlin

Björn Seewald

Technische Universität Berlin
Institut für Stadt- und Regionalplanung

Fach: Bau- und Planungsrecht
Kurs: Bauordnungsrecht I

WS 01/02

Inhalt

I. Einleitung

Diese Arbeit beschäftigt sich mit typischen abstandflächenrechtlichen Fallkonstellationen in Gebieten offener Bauweise vor dem Hintergrund des § 6 BauOBln.

Gemäß § 22 Abs. II S.1 BauNVO werden in der offenen Bauweise die Gebäude mit seitlichem Grenzabstand als Einzelhäuser, Doppelhäuser oder Hausgruppen errichtet. Da sich diese Arbeit nur mit typischen, beispielhaften Fallgestaltungen beschäftigen kann, soll vom Einzelhaus im Wohngebiet ausgegangen werden. Hier lassen sich schon die Grundlagen und wichtigsten Feinheiten des Abstandflächenrechts aufzeigen. Der Vollständigkeit halber wird aber auch auf Doppelhäuser und Hausgruppen (sofern sie anders behandelt werden als Einzelhäuser) sowie den Fall, daß schon ein Gebäude an der Grundstücksgrenze steht, eingegangen.

II. Allgemeiner Teil

In diesem Teil sollen die Grundlagen des Abstandflächenrechts nach § 6 BauOBln wie Erforderlichkeit, Lage und Maßberechnung behandelt werden. Wenn nicht anders angegeben, beziehen sich die Zitate von Gesetzestexten auf den § 6 der Bauordnung Berlin von 1997.

II. 1. Erforderlichkeit von Abstandflächen / Verhältnis Planungsrecht – Bauordnungsrecht (Abs. 1)

Grundsätzlich muß der Bauherr vor den Außenwänden seines Gebäudes Abstandflächen von oberirdischen Gebäuden freihalten (§ 6 Abs.1 S.1), vgl. Abb.1. Aus S. 2 folgt, daß eine Abstandfläche nicht erforderlich ist, wenn die Außenwand nach planungsrechtlichen Vorschriften an die Nachbargrenze gebaut werden muß oder darf. Der Gesetzgeber räumt dem Planungsrecht also Vorrang vor dem Bauordnungsrecht ein (vgl. Abs. 14 !). Ob eine Abstandfläche notwendig ist oder

nicht, richtet sich nach dem Planungsrecht; das „Wie" (Form, Umfang) der Abstandfläche richtet sich i. d. R. nach dem Bauordnungsrecht1. Satz 2 Hs. 1 ist für Gebiete der offenen Bauweise dann bedeutsam, wenn laut B-Plan Doppelhäuser oder Hausgruppen zulässig (S. 2 Alt. 2, „darf") oder sogar vorgeschrieben sind (S. 2 Alt. 1, „muß"). In diesen Fällen können oder müssen die Gebäude an Nachbargrenzen errichtet werden, eine Abstandfläche entfällt dann für die grenzständigen Außenwände2.

Darf nach planungsrechtlichen Vorschriften nicht an die Nachbargrenze gebaut werden, ist aber auf dem Nachbargrundstück ein Gebäude an der Grenze vorhanden, so kann gestattet oder verlangt werden, daß angebaut wird (S. 3). Dies kann der Fall sein, wenn ein Gebiet als offen mit Einzelhäusern zu bebauen festgelegt wird, sich aber noch Altbestand an der Grundstücksgrenze zum Nachbarn befindet. Hier kann die Bauaufsichtsbehörde einen Grenzanbau gestatten oder verlangen, womit eine Abstandfläche entfällt. Damit kann in bestimmten Fällen die Vorrangstellung des Planungsrechts gebrochen werden. Um der Gefahr der Aushebelung des Planungsrechts zu begegnen, bedarf es einer planungsrechtlichen Rechtfertigung für die Gestattung oder das Verlangen eines Anbaus. Allein das Vorhandensein eines Gebäudes an der Grundstücksgrenze genügt nicht, es müssen vielmehr die Voraussetzungen für eine Befreiung nach § 31 Abs. 2 BauGB gegeben sein3.

Im unbeplanten Innenbereich nach § 34 BauGB kommt es darauf an, welche Art der Bebauung – offen oder geschlossen – sich in das Gebiet einfügt. Fügt sich nur Bebauung ohne seitlichen Grenzabstand ein, liegt ein Fall des Satzes 2 Alt. 1 vor; eine Abstandfläche kann nicht eingehalten werden. Entspricht umgekehrt die Eigenart der näheren Umgebung der offenen Bauweise, muß das Gebäude Abstandflächen einhalten4.

---

[1] Ortloff, Karsten-Michael: Das Abstandflächenrecht der Berliner Bauordnung: § 6 BauOBln, Nachbarschutz und Verfahrensrecht, Kommentar, Berlin 1999, S. 5 f.; vgl. Dürr, Hansjochen, Andreas Korbmacher: Baurecht für Berlin, Baden-Baden 2001, S. 146

[2] Vgl. Dürr, Hansjochen, Andreas Korbmacher: Baurecht für Berlin, Baden-Baden 2001, S. 146; vgl. a. a. O. (Ortloff), S. 17

[3] Vgl. a. a. O. (2), S. 146 f.; a. a. O. (Ortloff), S. 42 f.

[4] Vgl. zum Anbaugebot: a. a. O. (Ortloff), S. 20; a. a. O. (Dürr), S. 146 f.

II.2. Lage der Abstandflächen (Abs. 2)

Die Abstandflächen müssen auf dem Grundstück des Bauherrn liegen (§ 6 Abs.2 S. 1). Diese Regelung bezieht sich auf die Nachbargrenzen des Grundstücks, also jene Grenzen, die das Grundstück des Bauherrn von benachbarten privaten Grundstücken trennt[5]. Nachbargrenzen können nur die seitlichen und rückwärtigen Grundstücksgrenzen sein, weil gemäß § 4 Abs.1 ein Grundstück nur bebaut werden darf, wenn es an einer öffentlichen Straße liegt oder eine öffentlich-rechtlich gesicherte Zufahrt zu einer solchen besitzt[6].

Solche Grundstücksgrenzen, die nicht Nachbargrenzen sind, also an öffentlichen Verkehrsflächen oder Grünflächen verlaufen, können gemäß § 6 Abs.2 S.2 1. Hs von den Abstandflächen überschritten werden. Allerdings dürfen sich die Abstandflächen nur bis zur Mitte von öffentlichen Verkehrsflächen und Grünflächen erstrecken (§ 6 Abs.2 S.2 2.Hs)[7], vgl. *Abb.2.*

In Ausnahmefällen können sich die Abstandflächen auch auf private Nachbargrundstücke erstrecken, nämlich dann, wenn der Nachbar einverstanden ist und eine Baulast im Grundbuch eintragen läßt. Dies wäre dann die Voraussetzung für die Erteilung einer Befreiung nach § 61 Abs. 2 S.1 Nr.2[8].

II.3 Überdeckungsverbot (Abs. 3)

Allerdings dürfen sich die Abstandflächen nicht überschneiden (§ 6 Abs.3 1.Hs). Dies gilt sowohl für die Abstandflächen desselben als auch für die mehrerer Gebäude[9]. Außenwände – entweder desselben oder verschiedener Gebäude – müssen also so weit voneinander entfernt stehen, daß die Abstandflächen in ihrer vollen Ausdehnung ohne Überschneidung vor ihnen zu liegen kommen. Dies gilt auch für Abstandflächen, die sich auf Nachbargrundstücke erstrecken (s.o.), vgl. *Abb. 3.*

Würde dieses Überdeckungsverbot uneingeschränkt gelten, wären viele Grundrißformen (z. B. rechtwinklig abknickende Gebäudeteile, rechtwinklige Hofumbauung) nicht möglich. Deswegen schränken Nr.1 und 2 des 2. Hs. das Überdeckungsverbot dahingehend ein, daß eine Überschneidung gestattet ist, wenn

---

[5] a. a. O. (Ortloff), S. 25 f.
[6] Vgl a.a.O. (Ortloff), S. 14
[7] Vgl. a. a. O. (Ortloff), S. 26 f.
[8] Vgl. a. a. O. (Ortloff), S. 28
[9] Vgl. a. a. O. (Ortloff), S. 30

die Außenwände in einem Winkel von mehr als 75 Grad zueinander stehen (Nr. 1) – vgl. *Abb. 4* - oder einen fremder Sicht entzogenen Gartenhof bei Wohngebäuden mit nicht mehr als zwei Wohnungen begrenzen (Nr. 2), vgl. *Abb. 5.*

Die Abstandflächen der nach §6 Abs. 11 in den Abstandflächen eines Gebäudes zulässigen Gebäude überdecken sich zwangsläufig. Nr. 3 stellt dies nochmal fest.

II. 4 Berechnung der Abstandflächengröße (Abs. 4)

Absatz 4 bestimmt die Berechnung des Abstandflächenmaßes H. Die Tiefe der Abstandfläche, die vor einer Außenwand liegen muß, ist gemäß Abs. 4 S.1 1. Hs. von der Wandhöhe abhängig. Die Wandhöhe wird senkrecht zur Wand gemessen (Abs. 4 S. 1 2. Hs.). Die Wandhöhe wird laut Abs. 4 S. 2 von der mittleren Geländeoberfläche vor der Wand bis zum oberen Wandabschluß bzw. zum Schnittpunkt der Wand mit der Dachhaut gemessen. Die Tiefe der Abstandfläche ist unabhängig vom Geländeverlauf[10], vgl. *Abb. 6.*

Ist eine Außenwand nicht gleichmäßig hoch („in der Höhe gestaffelt", Abs. 4 S. 3), so muß für jeden Wandabschnitt die Wandhöhe extra gemessen werden, um die Form der Abstandfläche zu ermitteln. Dasselbe gilt bei Vor- und Rücksprüngen[11].

Allgemein formuliert stellt die Abstandfläche ein Spiegelbild der Außenwand dar, welches im Winkel von 90 Grad „heruntergeklappt" und auf die tatsächliche Geländeoberfläche projeziert wird[12], vgl. *Abb. 6.*

Hat ein Gebäude vor- oder zurückspringende Geschosse (Staffelgeschosse), muß die Außenwand eines jeden Geschosses gedanklich bis zur mittleren Geländeoberfläche verlängert werden, um die Wandhöhe senkrecht messen zu können. Die sich tatsächlich ergebende Abstandfläche hängt je nach Bauart des Gebäudes vom Abstandflächenmaß des niedrigsten oder des höchsten Geschosses ab, vgl. *Abb. 7.*

Die Breite der Abstandfläche ist von der Wandbreite abhängig (vgl. Abs 1 S.1).

II. 5 Tiefe der Abstandflächen (Abs. 5)

Die Tiefe der Abstandflächen beträgt 1 H, zu öffentlichen Verkehrsflächen und in Kerngebieten 0,5 H sowie in Gewerbe- und Industriegebieten 0,25 H (S. 1). Die

---

[10] Vgl. a. a. O. (Ortloff), S. 32 ff.

[11] Vgl. a. a. O. (Ortloff), S. 34

4

Tiefe der Abstandflächen muß mindestens 3 Meter betragen (S. 3), dies gilt auch dann, wenn in den Fällen des Satzes 1 eine Reduktion des Abstandflächenmaßes H erlaubt ist[13]. Diese Regelung greift auch dann, wenn das Maß H von vornherein niedriger als 3 Meter ist, weil es sich z. B. um ein sehr niedriges Gebäude (eingeschossiger Bungalow) oder um eine Anlage nach Abs. 10 handelt[14].

II. 6 Das Schmalseitenprivileg (Abs. 6)

Die Regelung des Abs. 6 stellt eine weitere, für die Praxis sehr bedeutende Einschränkung der generellen Abstandflächentiefe von 1 H dar. Satz 1 sagt, daß an zwei Gebäudeseiten vor Außenwänden ein Abstandflächenmaß von 0,5 H, mindestens jedoch 3 Meter genügt[15]. Dies gilt jedoch nur dann, wenn der jeweilige Gebäudeabschnitt nicht länger als 16 Meter ist. Sinn dieser Regelung ist es, verdichtetes Bauen und die Bebauung kleinerer Grundstücke zu erleichtern[16], vgl. *Abb. 8.*

Satz 3 macht zwei Einschränkungen: Wird ein Gebäude an eine Grundstücksgrenze gebaut, gilt Satz 1 nur noch für eine Gebäudeseite, wird das Gebäude an zwei Grundstücksgrenzen gebaut, ist Satz 1 nicht mehr anzuwenden[17]. Satz 4 bestimmt, daß aneinandergebaute Gebäude wie ein Gebäude zu behandeln sind; damit soll verhindert werden, daß für einen Gebäudeabschnitt von 32 Meter Länge, der aber aus zwei Gebäuden von je 16 Metern Länge besteht, ein Abstandflächenmaß von 0,5 H genügt[18].

Die Sätze 3 und 4 sind bedeutsam für Gebiete der offenen Bauweise, in denen Doppelhäuser oder Hausgruppen errichtet werden dürfen oder müssen. Der Bauherr einer Doppelhaushälfte kann demnach nur noch eine Gebäudeseite seiner Wahl privilegieren, vgl. *Abb. 9*

Werden im Fall der Hausgruppe z. B. drei Gebäude – jeweils auf einem eigenen Grundstück – aneinander gebaut, so kann der Bauherr des mittleren Gebäudes, welches an zwei Grundstücksgrenzen errichtet wird, keine Gebäudeseite privilegieren. Die Bauherren des rechten und linken Gebäudes können – wie im Fall

[12] Vgl. a. a. O. (Ortloff), S. 32 f.
[13] Wilke, Dieter u. a.: Bauordnung für Berlin, Kommentar mit Rechtsverordnungen und Ausführungsvorschriften, Braunschweig 1999, S. 81
[14] Vgl. a. a. O. (Wilke), S. 80
[15] Vgl. a. a. O. (Dürr), S. 151 f.
[16] a. a. O. (Dürr), S. 151
[17] Vgl. Hahn, Dittmar: Bauordnung für Berlin, Handkommentar, München 2000, S. 50
[18] Vgl. a. a. O. (Ortloff), S. 52 f.

der Doppelhaushälfte – jeweils eine Gebäudeseite privilegieren, da ihr Haus nur an einer Grundstücksgrenze errichtet wird[19], vgl. *Abb. 10*

III. Typische Fälle

Nachdem wir nun die Grundlagen der Abstandflächenberechnung verstanden haben, wenden wir uns dem Bauherrn (B) zu und untersuchen, welche Möglichkeiten der Bebauung seines Grundstücks er hat. Die Feinheiten des Abstandflächenrechts lassen sich besser am konkreten Fall erläutern.

Die Ausgangssituation ist folgendermaßen, vgl. *Abb.11*:

B ist Eigentümer eines Grundstücks im Bereich eines B-Plans, welcher für das Gebiet ein allgemeines Wohngebiet und die Bauweise als offen festsetzt.

Die Vorderseite des Grundstücks grenzt an eine Straße, die linke Seite an eine öffentliche Grünfläche. Rechts und rückwärtig befinden sich private Grundstücke, die bereits bebaut sind. Die gegenüberliegende Straßenseite darf nicht bebaut werden. Der Einfachheit halber soll nur das rechte Grundstück des Nachbarn (N) interessieren.

III. 1 Fall 1 – Flachdach

Die Abstandfläche von N´s Haus reicht bis an die Grundstücksgrenze heran. B ist ein Fan der Bauhaus – Architektur und errichtet ein dreigeschossiges, neun Meter hohes Haus mit Flachdach, vgl. *Abb. 12 u 13*.

Ergebnis: Die Abstandflächen kommen problemlos auf B´s Grundstück unter. Die rechte Abstandfläche endet sogar noch zwei Meter vor der Grundstücksgrenze zu N. Die vordere Abstandfläche darf gemäß Abs. 2 S. 2 bis zur Straßenmitte reichen. Aufgrund von Abs. 5 S. 1 Hs. 2 darf die Abstandfläche ½ H, also 4,5 Meter betragen[20].

Aus diesem Grund kann B bis an die vordere Grundstücksgrenze heranbauen. Damit kann B das Schmalseitenprivileg des Abs. 6 noch auf eine weitere Gebäudeseite anwenden. Er privilegiert die Rückseite seines Hauses, um sich die

---

[19] Vgl. a. a. O. (Ortloff), S. 52 f.
[20] Vgl. a. a. O. (Ortloff), S. 45

Option der Errichtung von weiteren Gebäuden im hinteren Bereich des Grundstücks offenzuhalten.

III. 2 Fall 2 – Giebeldach und Sitzplatz

Als B einige Zeit später unerwartet stirbt, erbt sein Sohn BB das Anwesen. BB ist eher Anhänger des Heimatstils und darüber hinaus an einer maximalen Ausnutzung des Grundstücks interessiert. Deshalb möchte er dem Haus ein Giebeldach hinzufügen. Außerdem will er an der linken Grundstücksgrenze einen neun Quadratmeter großen und ein Meter hohen Sitzplatz anlegen. Wie beurteilt sich dieses Vorhaben abstandflächenrechtlich? Vgl. *Abb. 14 u. 15*

Ergebnis:

A) Dach

BB hat bei der Wahl der Giebelform drei Möglichkeiten, die von Abs. 4 S. 4 und 5 bestimmt werden.

1. Gemäß Abs. 4 S. 4 Nr. 1 gelten Dächer mit einem Neigungswinkel von mehr als 70 Grad sowie die davon zu beiden Seiten begrenzten Giebelflächen als Wand. Für die Berechnung von H greifen also die Sätze eins bis drei des Absatzes vier. Im Ergebnis müßte BB die gesamte Höhe des Giebeldachs auf die Abstandfläche anrechnen, was beim Spielraum von zwei Metern zum Grundstück des N nicht möglich wäre[21].

2. Nach Abs. 4 S. 5 Hs. 1 Alternative 2 ist die Höhe von Dächern mit einem Neigungswinkel von über 45 Grad bis 70 Grad der Wandhöhe zu einem Drittel anzurechnen[22]. BB errechnet, daß sein Giebeldach sechs Meter hoch sein dürfte, weil noch zwei Meter Platz sind zwischen der bisherigen Abstandfläche und der Grundstücksgrenze. Dies ergäbe einen Dachneigungswinkel von ca. 50 Grad.

Problematisch wäre die Überschreitung der Straßenmitte durch die vordere Abstandfläche, für die BB eine Befreiung beantragt. Die Bauaufsichtsbehörde erteilt sie ihm jedoch, weil die Regelung des Abs. 2 S. 2 Hs. 2 („nur bis zu deren Mitte") auf den Fall zweiseitiger Straßenrandbebauung abstellt. Hier darf die

---

[21] Vgl. a. a. O. (Ortloff), S. 39 f.
[22] Vgl. a. a. O. (Ortloff), S. 41

gegenüberliegende Seite jedoch nicht bebaut werden, deshalb erteilt die Behörde eine Befreiung nach § 61 Abs. 2[23].

Die Erstreckung der linken Abstandfläche auf die Grünfläche wäre gemäß Abs. 2 S. 2 kein Problem, weil deren Mitte noch nicht erreicht ist.

3. BB hätte auch die Möglichkeit, ein Dach mit einer Neigung von weniger als 45 Grad zu errichten. In diesem Fall bliebe die Dachhöhe laut Abs. 4 S. 5 anrechnungsfrei bis auf die Giebelfläche, deren Höhe weiterhin zu einem Drittel in das Maß H einfließen würde[24].

Da BB jedoch an einer maximalen Ausnutzung seines Grundstücks interessiert ist, entscheidet er sich für die zweite Variante.

B) Sitzplatz

Das Vorhaben, in den Abstandflächen des Hauses einen erhöhten Sitzplatz zu errichten, scheint nicht gegen Abs. 1 S. 1 („...sind Abstandflächen von oberirdischen Gebäuden freizuhalten") zu verstoßen. Folgt man der Legaldefinition von „Gebäude" (§ 2 Abs. 2), so handelt es sich bei einem Sitzplatz zweifelsfrei nicht um ein Gebäude, weil er keine überdeckte bauliche Anlage, die von Menschen betreten werden kann, darstellt.

Es könnte sich bei dem Sitzplatz jedoch um eine Anlage nach § 6 Abs. 10 (mit gebäudegleicher Wirkung) handeln, für die Abs. 1 S. 1 gelten würde.

Eine Anlage, die mehr als zwei Meter über die Geländeoberfläche hinausragt, hat in der Regel gebäudegleiche Wirkungen[25], weil ein Gebäude von zwei Meter Höhe noch von einem Menschen betreten werden könnte. Allerdings können auch von niedrigeren Anlagen – wie im Falle des Sitzplatzes - gebäudegleiche Wirkungen ausgehen, wenn sie dem Aufenthalt von Menschen dienen. Die gebäudegleichen Wirkungen bestehen dann in der Einsicht in das Nachbargrundstück und dessen Beengung, außerdem darin, daß die Benutzung dieser Anlagen vom Nachbargrundstück wiederum intensiver wahrgenommen wird[26].

Dies trifft auf BB´s Sitzplatz zu, er fällt damit unter Absatz 10 und dürfte nicht in der Abstandfläche des Hauses errichtet werden.

Absatz 11 S. 1 Nr. 3 macht davon eine Ausnahme, indem Anlagen und Einrichtungen nach Abs. 10 mit einer Höhe bis zu vier Metern über der festgelegten

---

[23] Vgl. a. a. O. (Ortloff), S. 28

[24] a. a. O. (Hahn), S. 47

[25] Vgl. a. a. O. (Ortloff), S. 68

Geländeoberfläche in den Abstandflächen eines Gebäudes zulässig sind. Allerdings müssen sie eigene Abstandflächen einhalten.

Die Errichtung des Sitzplatzes ist zulässig, da er bei seiner Höhe von einem Meter die erforderliche Mindestabstandfläche von drei Metern (Abs. 5 S. 3) zu BB´s Haus einhält. Eine Verringerung der Abstandfläche wäre nach Abs. 11 S. 2 zu BB´s Haus sogar möglich, da nicht davon auszugehen ist, daß gegenüberliegende Räume wesentlich beeinträchtigt werden.

Auch die vollständige Erstreckung der Abstandfläche auf die Grünfläche ist unproblematisch, weil deren Mitte immer noch nicht erreicht wird.

BB darf den Sitzplatz also errichten.

III. 3 Fall 3 – Dachgauben

BB möchte den Dachraum weiter ausbauen und zu diesem Zweck Dachgauben einbauen. Welche Möglichkeiten hat er? Vgl. *Abb. 16 u. 17*

Ergebnis: Ähnlich wie im Fall des Giebeldachs gibt es auch bei Dachaufbauten drei Möglichkeiten der Anrechnung (volle Höhe, ein Drittel der Höhe, keine Anrechnung) auf die Abstandflächen, die von Ausmaß und Lage der Dachaufbauten abhängen.

1. Anrechnung in voller Höhe: Dachaufbauten, die den Tatbestand des Abs. 4 S. 4 Nr. 2 und 3 erfüllen, gelten als Wand. Für ihre Höhenberechnung finden die Sätze 1 bis 3 des Absatz 4 Anwendung, sie fließen also in voller Höhe in das Maß H ein. Im Fall der Nr. 2 sind es solche Dachaufbauten, die zusammengerechnet in ihrer größten Breite die Hälfte der Breite der darunterliegenden Außenwand überschreiten und im Fall der Nr. 3 solche, die nicht mindestens 50 cm hinter die Außenwand zurückspringen[27]. Da die rechte Abstandfläche von BB´s Haus schon bis an die Grundstücksgrenze zu N heranreicht, scheidet ein Dachausbau dieser Größenordnung für die rechte Dachhälfte aus. Die zur Grünfläche gelegene Dachhälfte kann jedoch so weit ausgebaut werden, wie die Mitte der Grünfläche durch die Abstandfläche nicht überschritten wird.

2. Anrechnung zu einem Drittel: Nach Satz 5 Hs. 1 ist die Höhe anderer Dachaufbauten als der in Satz 4 genannten der Wandhöhe zu einem Drittel hinzuzurechnen, dies gilt aber nur, wenn die Dachaufbauten zusammengerechnet

---

[26] Vgl. a. a. O. (Ortloff), S. 68 f.
[27] Vgl. a. a. O. (Ortloff), S. 40

9

in ihrer größten Breite ein Viertel der Breite der darunterliegenden Außenwand überschreiten (Hs. 2)[28].

Auch diese Möglichkeit des Dachausbaus scheidet für die rechte Dachhälfte von BB´s Haus aus, da eine tiefere rechtsseitige Abstandfläche zum Grundstück des N nicht möglich ist.

3. BB hat nur die Möglichkeit, auf der rechten Dachfläche anrechnungsfreie Dachaufbauten zu errichten. Anrechnungsfrei bleiben laut S. 5 Hs. 2 solche Dachaufbauten, die zusammengerechnet in ihrer größten Breite ein Viertel der Breite der darunterliegenden Außenwand nicht überschreiten[29].

III. 4 Fall 4 – Balkon und Grenzgarage

BB möchte an der dem Nachbargrundstück des N zugewandten Hausseite einen Balkon anbringen.

Gleichzeitig möchte N an der Grundstücksgrenze zu BB eine Garage bauen.

Sind beide Vorhaben abstandflächenrechtlich zulässig? Vgl. *Abb. 18 u. 19*

Ergebnis: Beim Balkon des BB handelt es sich um einen Vorbau nach Abs. 7 S. 1, der bei der Bemessung der Abstandflächen außer Betrach bleibt (Abs. 7 S. 1). BB muß lediglich beachten, daß der Balkon mindestens drei Meter von der Nachbargrenze zu N entfernt ist (Abs. 7 S. 2)[30]. Dies ist bei der Situation auf BB´s Grundstück kein Problem.

Gemäß Abs. 12 S. 1 Nr. 1 sind Garagen bis zu 8 Meter Länge an einer Nachbargrenze zulässig, wenn mit einer Wandhöhe bis zu 3 Meter über der mittleren Geländeoberfläche an die Nachbargrenze gebaut, eine Gesamthöhe von 4 Metern und eine Dachneigung von 45 Grad nicht überschritten und zu anderen Grundstücksgrenzen ein Abstand von mindestens 3 Metern eingehalten wird. Sie sind in den Abstandflächen eines Gebäudes sowie ohne eigene Abstandflächen zulässig (S. 1)[31].

---

[28] Vgl. a. a. O. (Ortloff), S. 41
[29] Vgl. a. a. O. (Ortloff), S. 41 f.
[30] Vgl. a. a. O. (Ortloff), S. 54 ff.
[31] Vgl. a. a. O. (Ortloff), S. 80 ff.

Abbildungen

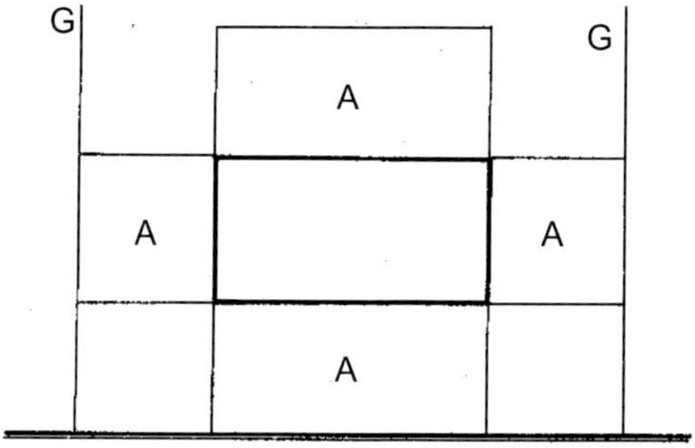

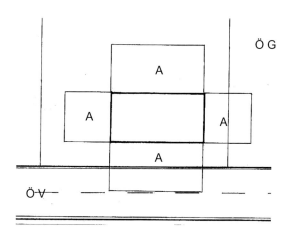

Abb 1

A = Abstandflächen (Abs.1 S.1)
G = Grundstücksgrenzen

Abb 2

A = Abstandflächen (Abs.2 S.1 u.2)
ÖG = öffentliche Grünfläche
ÖV = öffentliche Verkehrsfläche

Abb 3

A = Abstandflächen (Abs.3 S.1 Hs.1)

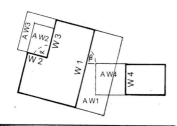

Abb 4

W 1-4 = Außenwände
$\alpha, \beta > 75°$ (Abs.3 S.1 Nr.1)
AW 1-4 = Abstandflächen der Außenwände

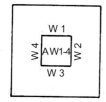

Abb 5

W 1-4 = Außenwände
AW 1-4 = Abstandflächen der Außenwände (Abs.3 S.1 Nr.2)

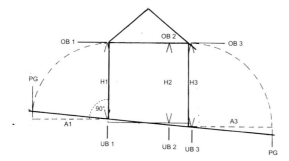

Abb 6

H 1-3 = Höhe der Außenwände (Abs.4 S.1 u. 2)
OB 1,2 = oberer Bezugspunkt v. Wand 1 u. 2 (Abs.4 S.2 Alt.2): oberer Wandabschluß
OB 3 = (Abs.4 S.2 Alt.1): Schnittpunkt der Wand mit der Dachhaut
UB 1-3 = unterer Bezugspunkt v. Wand 1-3 (Abs. 4 S.2): mittlere Geländeoberfläche vor Wand
A 1,2 = Abstandflächen v. Wand 1 u. 3
PG = Projektion der Abstandfläche auf Geländeoberfläche

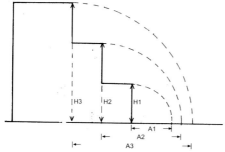

Abb 7

H 1-3 = Höhe der Außenwände (Abs.4 S.3)
A 1-3 = Abstandflächen

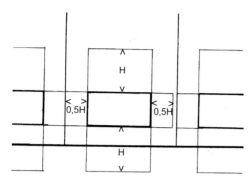

Abb 8

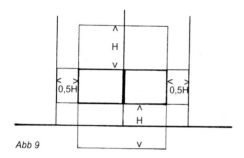

Abb 9

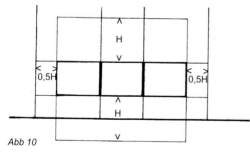

H = Abstandflächenmaß (Abs.5
S.1 Hs.1)

Abb 10

14

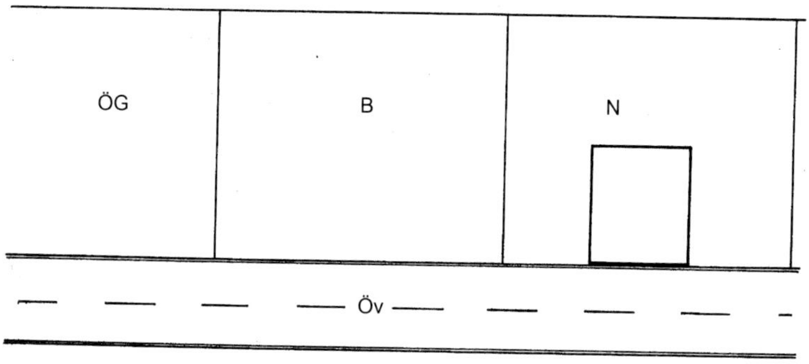

Abb 11

ÖG = öffentl. Grünfläche, ÖV = öffentl. Verkehrsfläche
B, N = Personen

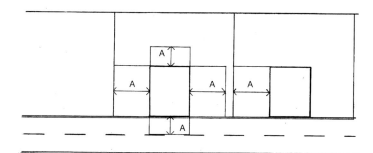

Abb 12

A = Abstandflächen

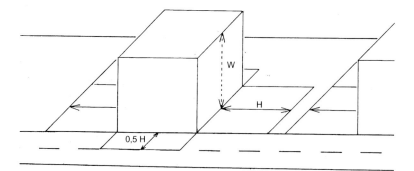

Abb 13

W = Wandhöhe 9 m
H = 9 m

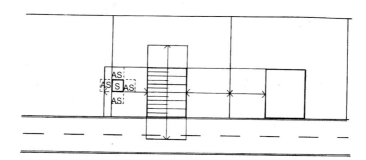

Abb 14

S = Sitzplatz
AS = Abstandflächen d. Sitzplatz

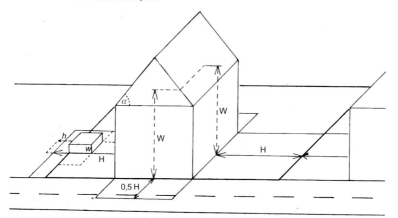

Abb 15

$\alpha > 45°$, W = 11 m, H = 11 m
w = Sitzplatzhöhe 1 m, h = Abstandflächenmaß Sitzplatz 3 m

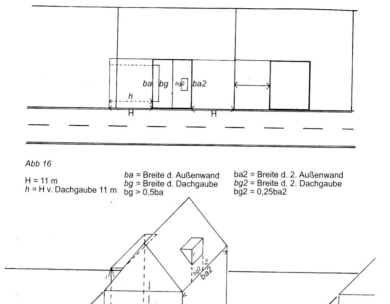

Abb 16

H = 11 m
h = H v. Dachgaube 11 m

ba = Breite d. Außenwand
bg = Breite d. Dachgaube
bg > 0,5ba

ba2 = Breite d. 2. Außenwand
bg2 = Breite d. 2. Dachgaube
bg2 = 0,25ba2

Abb. 17   *l* = Höhe der Gauben 2 m
w = Wandhöhe mit Gaube
s > 50 cm

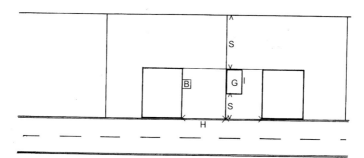

Abb 18

B = Balkon, G = Garage   S = mind. 3 m
H = Abstandflächenmaß der Gebäude   I = max. 8 m

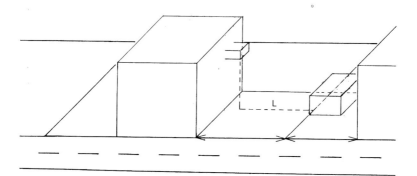

Abb 19

L = mind. 3 m

Quelle Abb. 1 bis 19: eigene Darstellung

Abkürzungen

- Abb. – Abbildung
- Abs. – Absatz
- Alt. – Alternative
- BauOBln – Bauordnung Berlin
- BauGB – Baugesetzbuch
- BauNVO – Baunutzungsverordnung
- B-Plan – Bebauungsplan
- Hs. – Halbsatz
- i. d. R. – in der Regel
- Nr. – Nummer
- S. - Satz

Literatur

- Dürr, Hanjochen; Andreas Korbmacher: Baurecht für Berlin; 2. Aufl.; Baden – Baden 2001
- Hahn, Dittmar; Marita Radeisen: Bauordnung für Berlin; Handkommentar; 2. Aufl.; München 2000
- Ortloff, Karsten – Michael: Das Abstandflächenrecht der Berliner Bauordnung, § 6 BauOBln, Nachbarschutz und Verfahrensrecht; Kommentar; 3. Aufl.; Berlin 1999
- Wilke, Dieter u. a.: Bauordnung für Berlin; Kommentar mit Rechtsverordnungen und Ausführungsvorschriften; 5. Aufl.; Braunschweig 1999